RÉCLAMATION

Adressée à M. le Préfet et à M. le Directeur des Contributions directes du département du Var, sur le revenu donné par l'Assemblée Cadastrale de la commune de la Valette en 1828, aux terrains exclusivement consacrés à la culture de l'olivier.

Dans une assemblée cadastrale composée du Conseil municipal et des dix plus imposés de la commune de la Valette, et convoquée le 15 juin 1828, pour délibérer sur diverses réclamations relatives au tarif des revenus donnés par MM. les Classificateurs aux différentes sortes de culture usitées dans cette commune et adopté dans une assemblée précédente, M. le Contrôleur des contributions directes a donné lecture d'une lettre écrite par Son Excellence Monseigneur le Ministre des finances, à M. le Préfet du Var, pour lui observer que la culture de l'olivier étant précieuse à la France, que le produit de cet arbre étant extrêmement précaire, soit à cause de la gelée, soit à cause des chances désastreuses qui précèdent souvent la récolte de son fruit, et que les frais qu'entraîne sa culture étant considérables, il convenait lors de la confection du cadastre dans les communes où l'olivier est cultivé, que l'on eût égard à ces considérations, en fixant le revenu des terrains complantés en oliviers à un taux peu élevé. Son Excellence, poussant ses prévisions jusques au point où une majorité dans les assemblées cadastrales rejetterait la demande en diminution que feraient des propriétaires d'oliviers, invite par la même lettre, l'autorité qui doit définitivement adopter le tarif fixé par cette assemblée, de le modifier, lorsque dans ce cas il lui sera présenté.

C'est par suite de la communication de cette lettre, dont les classificateurs et l'assemblée cadastrale de la commune de la Valette n'ont eu connaissance qu'après la fixation et l'adoption du tarif des revenus donnés aux terrains de cette commune, que je prends la liberté d'adresser à l'autorité supérieure les observations suivantes.

En ordonnant le cadastre parcellaire dans toute la France, le gouvernement a voulu faire disparaître les répartitions inégales qu'offre assez généralement la perception de l'impôt foncier. Dans le département du Var, la commune de la Valette étant une de celles où cet impôt est le plus inégalement réparti, a été cadastrée en 1828. Mais par cette nouvelle opération la répartition de l'impôt foncier atteindra-t-elle dans la commune de la Valette cette égalité que nous devons tant désirer? C'est ce que l'on pouvait espérer par les soins que le gouvernement s'est donnés pour qu'on y parvînt, et par les diverses dispositions des instructions, des arrêtés et des lettres de Son Excellence Monseigneur le Ministre des finances et de MM le Préfet et le Directeur des contributions directes du Var, adressés aux individus chargés du cadastre des communes, et pourtant c'est ce qui ne sera pas, si l'on en juge par le revenu que donne, d'après le tarif arrêté par MM. les classificateurs de cette commune, le classement de la plupart des terrains complantés en oliviers.

Dans une des assemblées cadastrales de cette commune, et à laquelle j'étais présent en ma qualité des plus imposés, le tarif des revenus des différentes cultures en usage dans ce pays, que par des motifs inconcevables, et contre lesquels j'ai réclamé, on a porté seulement à la moitié de la réalité, fut présenté par MM. les Classificateurs pour y être discuté et adopté. Le prix de 100 fr., mais qui réduit à la moité ne figure dans le tarif que pour 50 fr. donné au revenu de l'hectare d'oliviers de première classe, lesquels arbres dans cette commune sont d'ordinaire très-irrégulièrement complantés sur un sol ingrat et impropre à la culture des céréa-

tes, me paraissant disproportionné avec celui de 125 fr., qui ne figure également dans le tarif que pour 62 fr. 50 cent. donné à l'hectare de vignes de première classe, lesquelles sont par contraire plantées dans un terrain fertile dont on retire, indépendamment du vin, de riches moissons dans les soles qui séparent les rangées de vignes, et plus encore avec le prix de 250 fr., ou soit de 500 fr. donné à l'hectare de jardins et de prés arrosables de première classe, dont le produit est si varié, si considérable et si certain, lorsque celui des terrains complantés en oliviers est si peu assuré, je fis la demande que le revenu des terrains complantés en oliviers, fixé par le tarif à 50 fr., mais à 100 fr., par MM. les Classificateurs, fût diminué. Je donnai pour raison : 1.° qu'il est impossible dans l'état actuel des oliviers, qu'ils puissent dans la commune de la Valette, donner annuellement par hectare un produit de cent fr.; 2.° que le froid de 1820 nous a démontré qu'il ne fallait pas considérer le produit des oliviers comme un revenu assuré; 3.° que les années 1822, 1825, 1826 nous ont appris, ainsi que bien d'autres années antérieures, que ce produit est presque nul, lorsque le ver s'empare des olives et finalement que les frais de culture, de cueillette et de détritage, demandent des avances considérables dont on n'est bien souvent qu'imparfaitement remboursé. Ma demande appuyée par quelques membres de l'assemblée, fut rejetée par la majorité, et je me trouvai dans le cas prévu par Son Excellence Monseigneur le Ministre des finances. En effet, ma proposition devait être écartée, cette assemblée composée de M. le Maire, de dix Conseillers municipaux et des dix plus imposés de la commune, ne comptait au plus que quatre ou cinq grands propriétaires d'oliviers; les autres membres possèdent bien aussi des oliviers, mais leurs arbres sont disséminés dans des terrains complantés en vignes, et dès-lors ils sont dans une position toute différente, le produit des oliviers n'étant pas exclusif chez eux, et le champ qui leur donne des olives leur produisant aussi du vin, des céréales, etc.

Cette assemblée n'ayant pas donné suite à ma demande, M. Benet, dans un mémoire présenté à l'assemblée suivante, du 15 juin 1828, a avancé que la proportion de 45 fr. ou soit de 90 fr. donnée dans le tarif à l'hectare des terres labourables de première classe n'était pas en rapport avec celui de 50 fr. ou soit de 100 fr. donné à l'hectare d'oliviers de première classe. La terre labourable, a-t-il dit, donne un produit continuel et toujours assuré, lorsque celui de l'olivier n'est qu'accidentel et précaire. Cette proposition n'ayant pas été, non plus que la mienne, prise en considération, il en est résulté que le tarif est demeuré tel qu'il avait été précédemment adopté, et que les propriétaires d'oliviers de la commune de la Valette seraient écrasés par les impositions, si M. le Préfet et M. le Directeur des contributions directes du département du Var, en vertu de la lettre de Son Excellence Monseigneur le Ministre des finances, ne venaient à leur secours. Quelques exemples suffiront pour prouver que MM. les Classificateurs ont porté à un taux trop élevé le revenu donné par eux aux terrains complantés en oliviers.

Par acte de partage des biens délaissés par mon père, du 1.er février 1827, notaires Senès le jeune et Silvestre à Toulon, il m'est obvenu, entr'autres immeubles, une propriété rurale dite les *Moulières*, de la contenance d'à-peu-près 23 hectares, pour une valeur de 20,924 fr. D'après les instructions sur le cadastre, le revenu des terres devant être calculé sur le 3 p. °/o de leur valeur venale, ce domaine devrait ne présenter qu'un revenu de 627 fr. 72 c.; et bien par son classement, qui à la vérité n'est pas trop exact, ni trop indulgent, et par le tarif présenté, il donne par la ventilation qu'en a faite M. le Contrôleur, le revenu exhorbitant de 1345 fr. 96 c., lequel pourtant ne figurera que pour 670 fr. 98 c. sur la matrice casdastrale, le tarif n'offrant, comme je l'ai dit, et comme il conste par le procès-verbal de l'assemblée qui l'a adopté, que la moitié du revenu vrai.

Le domaine des *Moulières* offrant donc dans le nouveau cadastre de la commune de la Valette un revenu de 1345 fr. 96 c., il est certain que non-seulement les bonnes intentions du gouvernement en faveur des propriétaires d'oliviers, n'ont pas été suivies, mais encore que ces propriétaires vont être réellement surtaxés, et ce qui sera injuste, c'est qu'il le seront surtout par rapport aux propriétaires de vignes et de jardins. Des exemples pris seulement dans les immeubles de ma famille vont le prouver jusqu'à la dernière évidence.

Un immeuble au quartier de S.te Anne, terroir de la Valette, complanté en vignes et oliviers, obvenu par le même acte de partage à mon frère cadet, pour une valeur de 22,120 fr., c'est-à-dire, pour une valeur de 1,195 fr. en plus que mon domaine des Moulières, est porté dans le nouveau cadastre, bien que son classement ait été porté aussi haut que possible, (1) pour un revenu de 376 fr. 50 c., lequel étant doublé, présente un revenu vrai de 753 fr.; différence en moins avec le domaine des Moulières, 596 fr. 96 c.

Un jardin au quartier de S.te Cécile, du même terroir, est entré dans le lot de mon frère aîné, et toujours par le même acte de partage, pour une valeur de 7,600 fr. Si l'on fait une règle de proportion entre ce jardin et le domaine des Moulières, on dira si 20,924 fr. de valeur donnent, d'après la nouvelle opération cadastrale un revenu de 1,345 fr., combien doit être le revenu de 7,600

(1) Quoique son sol repose sur un pouding très-dur et peu profond; il a été classé 2/5.e en 1.re, 2/5.e en 2.e et 1/5.e en 3.e

fr. Or, le quotient sera de 488 fr. 87 c.; et bien, le nouveau revenu cadastral de ce jardin n'est que de 135 fr. 06 c., qui étant doublé ne présente qu'un revenu vrai de 270 fr. 12 c., au lieu de 488 fr. 87 c.; différence encore qui prouvera aux plus incrédules que les terres en oliviers ont été taxées bien au-delà de leur revenu vrai et hors de toute proportion avec les terres arrosables et les vignes.

Je possède depuis vingt ans, au quartier des Hors du même terroir, une terre arrosable, dont je retirerai, quand je voudrai, la somme de 2400 fr., le prix de 3,000 fr. m'ayant été offert dans un temps. En faisant la même opération arithmétique que dessus, cette propriété, d'une valeur de 2,400 fr., devrait être portée dans le nouveau cadastre, pour un revenu de 154 fr. 38; eh bien, se trouvant dans la même cathégorie que toutes les terres arrosables, elle n'offre qu'un revenu de 28 fr. 62 c., qui étant doublé est de 57 fr. 24 c. seulement.

Ces exemples sont si frappans, ils portent dans l'ame une si entière conviction, qu'ils doivent suffire; s'il en était autrement, je défie qu'on ne trouve pas le même résultat pour tel labourable, telle terre arrosable, ou enfin telle terre complantée en vignes que le sort désignera, comparés dans leur valeur vénale avec mon domaine des Moulières.

J'entends déja que l'on s'écrie : *Qui nous con-*

firme que votre domaine des Moulières ne vaut pas 40,000 fr., bien qu'il ne vous ait été donné dans le partage des biens de votre père que pour une valeur de 20,924 fr., car on sait que dans les partages de famille, on ne donne jamais aux immeubles leur vraie valeur: soit; mais alors il faudra de force convenir que les immeubles obvenus à mes frères sont aussi d'une valeur double, et que nonobstant le doublement de leur valeur, le revenu donné par les Classificateurs aux domaines désignés ci-dessus n'en reste pas moins le même.

D'autres diront encore : *Peut-être que les experts qui ont fait votre partage ont voulu vous favoriser, et en faisant entrer dans votre lot le domaine des Moulières, ils l'ont porté bien au-dessous de sa valeur, lorsqu'ils ont chargé les immeubles des autres lots.* On sait que c'est ordinairement le sort qui désigne dans les partages le lot de chacun, et qu'alors la fraude d'un expert pourrait plutôt être nuisible qu'avantageuse à celui qu'il voudrait favoriser; mais ici cette objection ne peut même pas être mise en avant. Par respect pour la mémoire de notre honoré père, mes frères et moi n'avons eu recours ni aux hommes de loi, ni aux experts. La valeur de nos terres nous était connue; nous savions que dans un partage où l'honneur et la générosité devaient seuls présider, il ne fallait pas que la perte ou le gain de deux ou trois mille francs vint rompre l'union que venaient de plus fortement cimenter entre nous les larmes versées sur la tombe d'un père vénéré. Le plus jeune de mes frères, capitaine en retraite, choisit le domaine dont j'ai parlé, comme étant tout voisin de la maison paternelle, également obvenue à son lot, et le plus facile à surveiller; la blessure grave qu'il a reçue en défendant les frontières de la France, ne lui permettant pas de faire de longues courses. Mon frère aîné choisit après, et bien que le domaine des Moulières fut à sa convenance, à cause du voisinage de son domaine de Coudon, il n'osa pas s'en charger; il choisit d'autres immeubles, et les Moulières me restèrent. Quoiqu'en disent les classificateurs, il fallait en effet la nécessité et un grand courage pour faire entrer dans son lot cet immeuble. Cela est si vrai que le fermier que j'y ai trouvé n'a point voulu continuer d'y demeurer, par la raison que je lui ai demandé la moitié du produit du sol. N'ayant point trouvé de fermiers qui voulussent me faire cet avantage, j'ai été obligé de l'exploiter pour mon compte depuis le 1.er janvier 1828. Maintenant la vérité est que cette exploitation va me coûter, de ce jour seulement au 1.er janvier 1829, au moins la somme de 2,300 fr., ayant déjà dépensé, à la fin du mois de juin, 1,406 fr.; et je ne comprends pas dans cette somme les frais de plantation d'arbres et autres augmentations faites pendant l'hiver dernier, non plus que les dépenses d'exploitation faites à la fin de 1827. Que dira-t-on maintenant si j'offre de prouver, à dire-d'experts, que les

Moulières ne me donneront pas cette année un revenu brut de 800 f. ? Comment rentrerai-je dans cette avance de 2,300 f. ? Les oliviers ne donneront pas quatre maultes de fruit cette année ; mon semé consiste seulement à un hectolitre et demi de blé ou d'avoine, et le produit en vin ne peut être au-delà de 25 hectolitres. D'ailleurs ce n'est pas d'aujourd'hui que les Moulières ne produisent pas autant qu'on a voulu le dire. Quand même ses beaux oliviers existeraient et porteraient encore les belles récoltes d'autrefois, son revenu net, au prix actuel des huiles, ne s'élèverait pas à 1,000 fr.

Un document irrécusable existe, c'est une note laissée et écrite par mon père sur ses récoltes d'olives depuis 1807 jusqu'en 1818. Elle contient le nombre de maultes d'olives qu'il a récoltées annuellement dans son domaine des Moulières pendant ces douze années. Si à ces récoltes nous ajoutons celles de 1819 à 1828 qui me sont connues, les olives de ces années ayant été apportées à mon moulin, nous aurons tout le produit en olives de cet immeuble pendant vingt-deux ans. Si par un calcul facile à faire nous obtenons la valeur en argent, calculée sur le prix actuel de l'huile, du produit de ces olives ; si ensuite nous ajoutons les autres produits de cette propriété, nous saurons au juste ce qu'elle a donné pendant ce long espace de temps ; et si finalement nous prenons le 22.e de ce produit total, nous aurons le revenu vrai, d'autant que c'est toujours sur vingt ans de produit qu'on opère, lorsqu'on veut connaître la véritable valeur d'une terre.

Voulant aller au-devant de toutes les objections possibles, et prévoyant qu'on ne manquera pas d'en faire à l'infini, je vais supposer qu'on me dira : *votre calcul est faux, il est justement fait pendant la mortalité des oliviers*. Eh mais, n'est-ce pas à cause de la gelée à laquelle sont si sujets ces arbres, que le gouvernement veut que l'on ait égard, lors de la fixation du revenu des terres complantées en oliviers, et d'ailleurs ne voyons-nous pas que tous les vingt ans les oliviers sont plus ou moins frappés de ce contre-temps : 1789, 1794 ne rappellent-ils pas encore que 1820 n'est pas la seule année qui ait compromis leur produit.

Il résulte de la note trouvée dans les papiers de mon père, que de 1807 à 1818 on a récolté dans le domaine des Moulières, 561 maultes et demi d'olives à 20 panaux chaque, aux quelles ajoutant :

pour 1819 .	67 m.		pour 1824 .	27 1/2.
pour 1820 .	00.		pour 1825 .	33.
pour 1821 .	3.		pour 1826 .	28 1/2.
pour 1822	6 1/2.		pour 1827 .	50.
pour 1823 .	13.		pour 1828 .	8.

On a pour produit total en 22 ans, 788 m.

J'ai compris dans cet état la récolte de 1828, quoique non faite, par la raison que cet état commençant en 1807, année qui a produit une récolte extraordinaire de 84 maultes, il ne serait pas juste de le terminer en 1827, année qui, comme chacun le sait, a donné une quantité d'olives telles, que les oliviers en sont épuisés; d'autant que la récolte d'olives en 1828 est connue; elle est à-peu-près nulle partout: et bien que mes oliviers n'offrent pas d'olives, j'en porte cependant 8 maultes en 1828.

Les Moulières ayant donné 788 maultes d'olives pendant vingt-deux ans, il faut diviser ce nombre par 22 pour avoir un terme moyen qui est 36 : 36 maultes sont donc le produit annuel en olives de ce domaine. La maulte d'olives produit quelquefois 150 livres d'huile; mais bien souvent elle n'en produit pas 100 livres; c'est lorsque les olives sont véreuses ou lorsque le vent les fait tomber avant leur maturité; c'est donc forcer leur produit que de le porter à 120 livres par an : 36 maultes d'olives calculées à raison de 120 livres d'huile, donnent 43 quintaux 20 livres ancien poids. La moitié de ce produit étant prélevé pour le fermier, reste pour le propriétaire 21 qx. 60 livres d'huile qui, à 38 fr., prix auquel elle vient de monter depuis que l'on est assuré que la récolte d'olives est nulle en 1828, donne un produit annuel de. . . . . f. 826. c. 90.

Les vignes des Moulières, plantées dans un mauvais terrain, et se trouvant dans un grand état de dépérissement, ne produisent que de 18 à 30 hect. de vin. Elles

826. 90.

826. 90.

en ont donné 20 en 1827, et depuis lors une partie a été arrachée ; ce sera donc encore forcer leur produit que de le porter à 25 hectolitres de vin, qui à raison de 9 fr. l'hectolitre, donnent un revenu de 225 fr., dont la moitié pour le propriétaire est de . . . . 112. 50.

Le produit du sol a toujours été pour le fermier. Avant 1820 il était convenu qu'il en payerait 150 fr. de loyer; mais depuis cette fatale année, il en a la jouissance gratuitement. Cependant, bien qu'il n'ait jamais pu payer cette somme, et que nous la lui ayons abandonnée, quoique avant 1820 les récoltes et le prix de l'huile fussent plus avantageux que ceux d'aujourd'hui ; cependant, dis-je, je la porterai comme un des revenus du propriétaire ; le seul avantage que je ferai à celui-ci, sera de comprendre dans cette somme le produit du petit bois qui se trouve aux Moulières et seulement d'une contenance de 2 hectares, et ci . . . 150.

Revenu brut des Moulières, calculé sur la récolte de 1807 à 1828. . . . 1089. 40.

Prélevant sur ce revenu brut les impositions qui étaient avant le nouveau cadastre de . . . . 110.
Et les dépenses indispensables d'entretien pour une somme de . 100. } 210.

Il reste en revenu net . . . . . 879. 26.

Mais il me semble qu'on doit se dire que pour que les Moulières continuent de donner ce revenu, il ne faudrait pas qu'une nouvelle gelée survînt bientôt, car pour avoir obtenu ce produit, il a fallu avoir recours au produit de treize années, pendant lesquelles 5 à 600 gros troncs d'oliviers, au nombre desquels plusieurs donnaient 4 à 5 sacs d'olives, n'étaient pas, comme ils le sont aujourd'hui, coupés au pied et produisant à peine quelques panaux de fruit. Or, je le demande, ne serait-il pas injuste de calculer l'impôt foncier sur ce revenu de 879 fr. 26 c. Que sera-ce si l'on veut le calculer sur le revenu de 1,345 f. 50 c. que MM. les Classificateurs lui ont donné.

Je me résume et je dis que MM. les Classificateurs de la commune de la Valette ont erré en donnant aux terrains complantés en oliviers un revenu qu'ils n'ont pas et qu'ils ne peuvent avoir. Ce qui le prouve, c'est le revenu qu'ils ont assigné à mon domaine des Moulières, dont 15 hectares sont exclusivement complantés en oliviers, revenu qui est, ainsi que je l'ai si évidemment démontré, au-dessus de la vérité, lorsqu'il devrait être au-dessous du revenu réel, comme on l'a fait pour les autres natures de cultures et comme surtout l'avait si expressément recommandé S. Exc. Mgr. le Ministre des finances.

Il est d'autant plus juste et d'autant plus convenable que les propriétaires d'oliviers ne soient pas surchargés d'impositions, que leurs arbres venant par la suite à être de nouveau atteints par la gelée, le gouvernement ne serait point alors dans le cas de les faire jouir d'aucun dégrèvement.

L'assemblée cadastrale de la commune de la Valette ayant rejeté ma demande, c'est à M. le Préfet, c'est à M. le Directeur des contributions directes du Var, que j'adresse mes doléances, espérant que cette fois elles seront admises et que justice sera faite aux propriétaires d'oliviers de la commune de la Valette. Me réservant toute fois de réclamer en son temps contre le classement de quelques-unes de mes parcelles.

H. FAURE,

Propriétaire et Receveur des Hospices civils de Toulon.

Toulon, 28 juin 1828.

IMPRIMERIE DE DUPLESSIS OLLIVAULT.

www.ingramcontent.com/pod-product-compliance
Lightning Source LLC
LaVergne TN
LVHW050516160826
845677LV00003B/1171

* 9 7 8 2 3 2 9 6 3 0 3 3 5 *